15 minutos do dia para fortalecer sua família

Patrícia Carvalho

Literare Books
INTERNATIONAL
BRASIL · EUROPA · USA · JAPÃO

Presidente do conselho:
Maurício Sita

Presidente:
Alessandra Ksenhuck

Vice-presidentes:
Cláudia Pires e Julyana Rosa

Diretora de projetos:
Gleide Santos

Consultora de projetos:
Bruna Barboza

Assistente editorial:
Júlia Almeida

Capa, projeto gráfico e diagramação:
Gabriel Uchima

Ilustração família:
Wislane Vital

Revisão:
Josué Dantas e Ivani Rezende

Impressão:
Gráfica Paym

Dados Internacionais de Catalogação na Publicação (CIP)
(eDOC BRASIL, Belo Horizonte/MG)

Carvalho, Patrícia.
C331q 15 minutos do dia para fortalecer sua família / Patrícia Carvalho. – São Paulo, SP: Literare Books International, 2024.
118 p. : il. ; 14 x 21 cm

ISBN 978-65-5922-872-0

1. Famílias. 2. Pais e filhos. 3. Psicologia. I. Título.
CDD 155.4

Elaborado por Maurício Amormino Júnior – CRB6/2422

Literare Books International.
Alameda dos Guatás, 102 – Saúde – São Paulo, SP.
CEP 04053-040
Fone: +55 (0**11) 2659-0968
site: www.literarebooks.com.br
e-mail: literare@literarebooks.com.br

FSC www.fsc.org
MISTO
Papel produzido a partir de fontes responsáveis
FSC® C133282

15 minutos do dia para fortalecer sua família

Agradecimentos

Agradeço a Deus pelo dom da vida, pela família com a qual Ele me presenteou, por me conduzir na realização deste sonho, a materialização de um instrumento para uma maior conexão entre as famílias.

Ao meu esposo Rafael, que sempre me incentiva, apoia e está ao meu lado, pelas bênçãos que são nossas filhas e a família que construímos, minha gratidão.

Agradeço às inspirações para este livro, minhas filhas Alícia e Lavínia, por me ensinarem dia a dia formas de ser melhor como mãe e pela compreensão nos momentos de falha.

Aos meus pais José Maria e Terezinha, meu agradecimento e reconhecimento pela minha vida, pela educação e os valores que me proporcionaram, e pelo apoio que sempre me deram.

Agradeço a todos aqueles que foram meus professores, treinadores, mentores e que, por meio deles, fui construindo conhecimento e me tornando a pessoa que hoje sou.

Aos meus familiares e amigos, agradeço o incentivo e por acreditarem.

Leitores, agradeço por acreditarem no meu trabalho, na educação parental, no propósito como família e em nossas famílias.

Como dizia Raul Seixas:

"Sonho que se sonha só é um sonho que se sonha só. Mas sonho que se sonha junto é realidade..."

Olá! Fico feliz ao ver alguém que busca evolução e mudanças no âmbito da parentalidade positiva. Eu sou a prova de que educar filhos pode ser mais leve quando nós temos conhecimento sobre o que podemos fazer para lidar melhor com as situações do dia a dia com nossos filhos e, principalmente, lidar com nós mesmos. Afinal, somos espelhos para essa galerinha que trouxemos ao mundo, não é verdade?

Deixe-me apresentar, sou Patrícia Carvalho, casada com Rafael, mãe da Alícia e da Lavínia. Neste momento, vivendo as fases da adolescência e pré-adolescência ao mesmo tempo por aqui. Já deve imaginar os desafios, não é? Mas vamos deixar isso mais para frente.

Eu sempre trabalhei em empresas e participei de muitos cursos e formações que nos ensinaram a como ser uma boa líder, vendedora, administradora, como atrair clientes etc., mas me chamava a atenção não conseguir tantas informações necessárias para lidar com o desafio que são os filhos, a convivência familiar. Então, após muitos cursos, treinamentos e formações, resolvi desenvolver programas para compartilhar com pais, educadores, avós e todos que buscam conhecer estratégias de relacionamentos familiares mais positivos, respeitosos e – por que não? – menos estressantes. Desenvolvi treinamentos presenciais, imersões, workshops presenciais e on-line que contribuem para uma melhor relação entre pais, filhos, educadores e famílias.

Este livro é uma versão prática e ágil para você iniciar a mudança agora mesmo com sua família. Você vai encontrar um pouco de teoria, no entanto o foco será a prática. E como estamos iniciando, gostaria de fazer um combinado com você, que será fundamental para o sucesso em nossa jornada de 21 dias. Sabemos que hoje temos uma escassez de tempo para o que gostaríamos de fazer com nossa família, em especial nossos filhos, não é mesmo? Por isso, nosso acordo será de uma dedicação diária, EXCLUSIVA, de 15 minutos com seu filho. Tudo bem? E para que esse objetivo fique bem claro para seu cérebro, escreva a seguir quais serão os horários que você fará isso durante a semana.

SEGUNDA	TERÇA	QUARTA

QUINTA	SEXTA	SÁBADO	DOMINGO

Eu, ______________________________

mãe/pai de ___________________________,

____,

assumo o compromisso de dedicar 15 minutos diários para a prática das atividades presentes neste livro.

______________________, ___/___/_____

Cidade Data

____

Assinatura

O formulário a seguir vai ajudá-lo a mensurar sua evolução durante o tempo em que estiver praticando as atividades deste livro e acompanhá-lo durante o processo. Você poderá rever suas metas, quais objetivos tinha inicialmente, quanto falta para alcançar ou se já atingiu o caminho esperado, enfim, é um mapa que vai guiá-lo.

RESULTADOS ESPERADOS/EVIDÊNCIAS

Liste os objetivos que você espera alcançar com a prática deste livro, como o exemplo a seguir. Em seguida, coloque o percentual que já possui hoje, onde você está. Por último, coloque a meta, aonde pretende chegar. Coloque sempre objetivos que sejam alcançáveis, mensuráveis. Um objetivo muito difícil pode nos desmotivar e nos fazer desistir, defina uma meta realista.	Onde estou hoje	Aonde quero chegar
1. Melhorar a conexão com meu filho	30%	60%
2.		
3.		
4.		
5.		

Sumário

Cronograma de atividades

Dia 1

Você já ouviu aquele ditado que diz: "Vamos começar pelo começo"? Pode até parecer redundante, mas é por onde nós iremos iniciar.

E qual seria o começo no mundo da parentalidade? Nós, como pais. Muitas vezes enxergamos comportamentos que julgamos inadequados para nossos filhos e, em boa parte deles, não paramos para avaliar como estamos agindo em situações semelhantes. É comum chamarmos a atenção porque nosso filho gritou com alguém, mantém o quarto dele desorganizado, briga com o irmão, não faz as tarefas de casa, mas normalmente não paramos para fazer uma avaliação de como nós nos comportamos em relação a esses quesitos.

Vamos, então, iniciar nossa jornada prática?

Para responder às questões a seguir, ao ler cada frase, a melhor resposta é aquela que vier primeiro à sua mente. Combinado? Você vai se dar uma nota de 1 a 10 para cada um dos itens.

Ah! Deixe de lado o julgamento, esse momento não é para se criticar ou ser o/a melhor pai/mãe de todos os tempos, é um momento de reflexão sobre seu estado atual. E nada do que você faz hoje está incorporado à sua personalidade, não significa que você "é" alguma coisa, e sim que "está". Dessa forma, todo e qualquer comportamento pode ser modificado, se assim desejar e se direcionar para isso.

De 0 a 10, quanto você se identifica hoje com relação à/a:

1. Organização
2. Pontualidade
3. Falar no tom de voz adequado (sem gritar)
4. Procrastinação
5. Cumprir o combinado
6. Controlar o estresse em situações desafiadoras

7. Controlar o uso de tela
8. Atividade física
9. Empatia (se colocar no lugar do outro e buscar entender)
10. Ouvir sem julgamento

Como foi fazer esta avaliação neste momento? O que percebeu agora que antes não havia notado?

Escolha um item da lista que mais chamou a atenção quanto à nota. Não necessariamente precisa ser a menor nota, mas aquela atividade que você percebe que é prioridade hoje a ser colocada em prática como uma mudança.

Agora, vamos traçar o objetivo para essa mudança. Preencha o quadro para que fique mais claro como realizará esse passo, e, dessa forma, seu cérebro consiga entender o que exatamente quer dizer; afinal, ele é seu grande aliado nessa jornada.

O que eu vou fazer?	
Quando eu vou fazer?	
Com que frequência?	
Como eu vou fazer isso?	
Com quem eu vou fazer isso? (Especifique)	
Por que isso é importante para mim?	

Ufa! Terminamos o nosso primeiro dia e já demos um grande passo em direção à mudança que você busca, não é mesmo? Parabéns pela conquista! Vamos em frente.

Para se lembrar de se manter firme com as mudanças, marque nos termômetros ao final do dia como está sendo o cumprimento das atividades diárias.

Dia 1

"O primeiro passo para a mudança é a aceitação. Uma vez que você aceite a si mesmo, você abre a porta para a mudança. Isso é tudo o que você tem que fazer. Mudança não é algo que você faz, é algo que você permite".

Will Garcia

Dia 2

Oba! Já iniciamos com um momento de autoconhecimento e seguimos para mais um passo. Hoje é dia de você se conectar com seu filho. De início, caso não tenha esse hábito com ele, pode ser que ache um tanto estranho esse momento, mas aja com naturalidade, separe 15 minutos longe de eletrônicos e outras atividades para estar com ele. A missão para hoje é: cada um vai escrever em uma folha, sem que o outro veja, dez coisas que mais gostam de fazer juntos (caso seu filho ainda não saiba ler/escrever, pode pedir que ele desenhe e, depois, fale e você anota, ou ele pode falar e você escreve. Se esse último caso for o seu, escreva primeiro a sua lista para que depois possa ouvir e escrever a lista com ele).

Após finalizar as duas listas, o objetivo é encontrar o que há de atividades em comum entre elas, colocando-as como prioridade e, em seguida, relacionar as que foram citadas em apenas uma das listas (é importante considerar todas as atividades que foram escritas).

Então, o que teremos como resultado? Uma lista única que terá como prioridade as atividades comuns entre as duas listas e, em seguida, as outras que sobrarem dessa seleção. Esse é um momento muito importante para que possa refletir e conhecer melhor o que cada um gosta de fazer. Muitas vezes, é algo tão simples que é deixado de lado, e quando acontece, faz enorme diferença no relacionamento familiar.

Muito bem, lista pronta por prioridades? Agora, escolha uma das atividades em comum com seu filho e programe quando vocês farão. É importante seguir o mesmo raciocínio que a primeira meta que você fez. Então, vamos lá preencher o quadro.

O que nós vamos fazer?	
Quando nós vamos fazer?	
Como nós vamos fazer isso? (Especifique)	
Com quem vamos fazer isso? Vai envolver mais alguém?	
Por que isso é importante para nós?	
Por que isso nos fará feliz?	

Marque aqui como foi o cumprimento das atividades de hoje.

Dia 2

REGULAR | BOM | ÓTIMO | EXCELENTE

0 | 50 | 100

Dia 3

Você está indo muito bem. Estamos em nosso terceiro dia e até aqui trabalhamos um pouco do autoconhecimento; você e seu filho se abriram para compartilhar coisas que gostam e desejam fazer e construíram um planejamento. Você pode pensar: "Ah, mas isso é fácil, quero saber o que fazer em um momento de birra, um comportamento desafiador". Concordo que quando estamos bem as coisas fluem melhor, e por isso que o que você fará hoje precisa de um momento bem tranquilo com seu filho. Ele precisa estar calmo, alegre, de bem com a vida para fazer esse próximo passo. Caso ele esteja irritado, talvez não participe como gostaríamos, e o resultado não seja proveitoso, tudo bem?

Vamos lá! Para esse momento, você vai precisar providenciar cartolina ou um material que tenha uma espessura semelhante, papel A4, lápis grafite, lápis de cor. Você vai convidar seu filho para criar a roda de escolhas da calma. Você vai perguntar as coisas que ele gosta de fazer quando está nervoso, estressado, impaciente e que tipo de situações o deixam mais calmo nesses momentos. Ex: colorir um desenho, brincar de blocos de montar, andar de bicicleta, ficar com um brinquedo etc.

Você vai fazer uma lista com ele de oito a dez coisas que o deixam tranquilo em um momento de raiva. Ah! Um detalhe muito importante, diante de vários estudos mostrando os prejuízos que o excesso de tela causa em nós, especialmente em crianças e adolescentes, sugiro que nesta lista não tenha opção de jogar no celular, ou assistir, coisas que utilizem tela, combinado? Sim, eu sei que é difícil, e eu acredito que consegue. Você sabia que o excesso de telas pode deixar seu filho ainda mais agitado e nervoso? É verdade, os comportamentos de crianças e adolescentes são afetados diretamente e nós conseguimos observar as mudanças muito rápido.

Lista pronta? Vamos ao próximo passo.

1. Agora vocês farão um círculo ocupando a folha de A4 por completo;
2. Recortar no formato redondo e dividir com a quantidade de coisas que foram listadas, como se fosse uma pizza;
3. Em cada uma dessas fatias, desenharão coisas que representam cada uma das atividades. Por exemplo, brincar com blocos de montar, ou, então, o desenho de uma pessoa brincando com blocos de montar, ou somente blocos de montar. E assim, vai fazendo com todas as atividades;
4. Depois, colarão na cartolina ou em outro material que escolheram, para que fique melhor de manusear e evite o desgaste rápido.

Talvez você pense: "Ah, eu posso pegar as imagens, imprimir e colar". Sim, você pode, mas imagine as memórias afetivas que estará criando ao desenhar e colorir com seu filho essa roda de escolhas da calma, instrumento que vai ajudá-lo a lidar melhor com as emoções e melhorar o relacionamento familiar. Mãos à obra?

A imagem a seguir foi a roda de escolhas da calma que fiz com as minhas filhas. As atividades que escolheram foi algo que fez sentido para elas naquele momento, e podem servir de ideia para você. No entanto, é importante que você e seu filho coloquem atividades que estejam de acordo com o perfil e escolha dele. Afinal, todas as crianças e adolescentes possuem perfis diferentes e é importante respeitarmos essa individualidade.

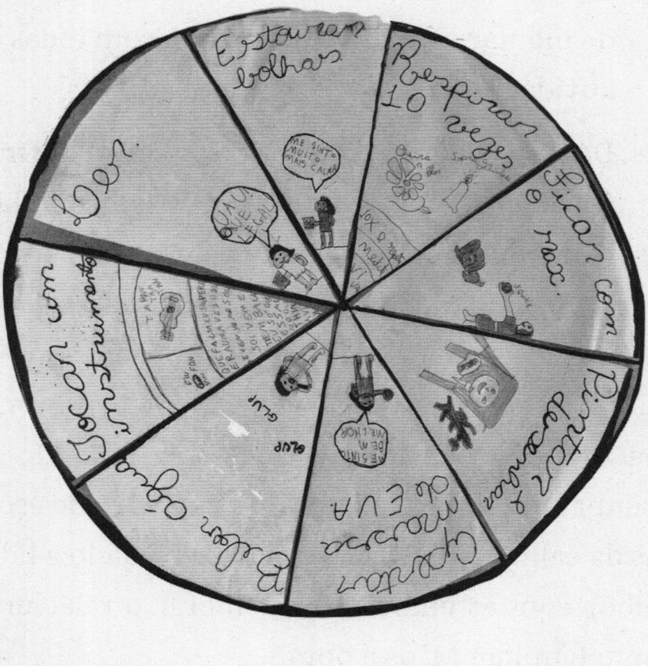

Imagino que a roda de escolhas da calma ficou linda e com o jeitinho de vocês. Agora, têm em mãos uma ferramenta muito importante para ajudar a lidar com a raiva e momentos de estresse. E como vocês utilizarão?

Quando perceber que seu filho está irritado, aja com empatia e apresente a roda. Pergunte: "Filho, entendo que esse momento deve estar sendo difícil de se conter, qual das opções da roda você gostaria para se acalmar?".

Essa ação vai se tornando uma prática e você vai perceber que logo seu filho vai escolhendo e reconhecendo as ações que mais funcionam para ele; melhora o autocontrole, faz com que ele retorne a um estado de calma e, assim, consiga conversar com as pessoas, resolver o que precisa ser resolvido, lidar com os desafios que o deixam irritado.

Agora, responda aqui:

Quais foram seus sentimentos durante essa atividade?	
Quais foram os sentimentos do seu filho?	
O que foi mais importante nesse momento juntos?	

Marque aqui como foi o cumprimento das atividades de hoje.

Dia 3

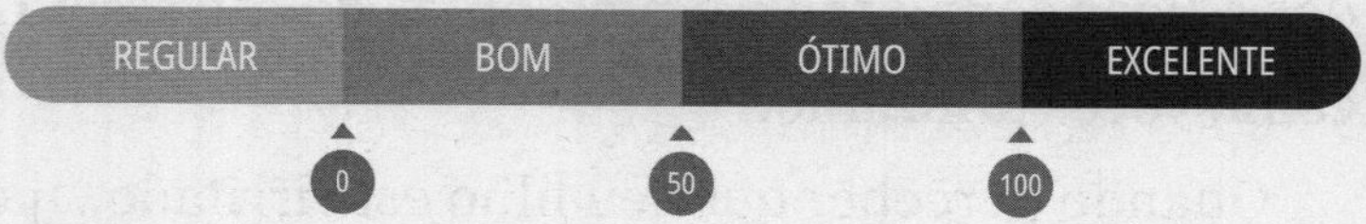

Dia 4

Você costuma ouvir música? E seu filho? Já parou para pensar se vocês gostam de estilos semelhantes? O movimento de hoje vai envolver música, que é uma modalidade muito importante para que nosso cérebro desenvolva criatividade, imaginação e concentração. Ela nos traz sensação de bem-estar, contribuindo para o desenvolvimento cognitivo, alívio de estresse e relaxamento. Além desses benefícios citados, temos muito mais, inclusive, a afetividade que a música pode proporcionar às pessoas.

Ah! Muito importante! Quando eu falo “música”, entenda, eu me refiro àquelas que trazem letras com histórias, que possuem um sentido positivo, que são incentivadoras, reflexivas, não canções que não somam nenhum conhecimento em nossa vida. E qual o tipo de música que é considerada positiva? Aquela que fizer sentido para você e sua família.

Vamos começar?

Hoje você vai se sentar com seu filho, cada um estará com um caderno ou folha para anotações, onde, sem que o outro possa ver, escreverão dez nomes de músicas que mais gostam.

Se algum de vocês for como eu, que mal se lembra do nome das canções, escreva uma parte da letra e, depois, vocês buscam juntos.

Façam um combinado de quanto tempo essa parte da brincadeira vai durar e, ao final, podem pesquisar os nomes das músicas que faltaram, caso tenha acontecido.

Agora, gostaria que vocês observassem se há músicas em comum e quantas escolheram iguais. Quanto maior esse número, maior afinidade estão no contexto musical.

A partir dessa interseção, façam uma única lista de músicas e vamos usar a tecnologia a nosso favor, criando uma playlist no Spotify, que será uma trilha sonora exclusiva de vocês, que podem ouvir em momentos que estiverem juntos, brincando, viajando, relaxando.

Vamos aumentar a interação? Vamos criar memórias afetivas? Que tal brincar de: "Qual é a música?". Um de vocês inicia cantando uma parte da letra, e o outro precisa dar continuidade. Ou podem aumentar o nível de dificuldade fazendo sons sem abrir a boca (hummmm) no ritmo da música. Vence quem conseguir adivinhar o número maior das letras que o outro cantou.

Sabemos que, diante da correria de tantas atribuições diárias, passamos grande parte do tempo cobrando sobre atividades da escola, alimentação, se arrumar na hora certa, organização do quarto, entre outras coisas. Momentos de descontração são muito importantes para gerar vínculo, confiança, mostrar um lado mais leve da maternidade, paternidade; são minutos valiosos em que não se cobra tarefa, comportamento, organização, simplesmente se vive.

Marque aqui como foi o cumprimento das atividades de hoje.

Dia 4

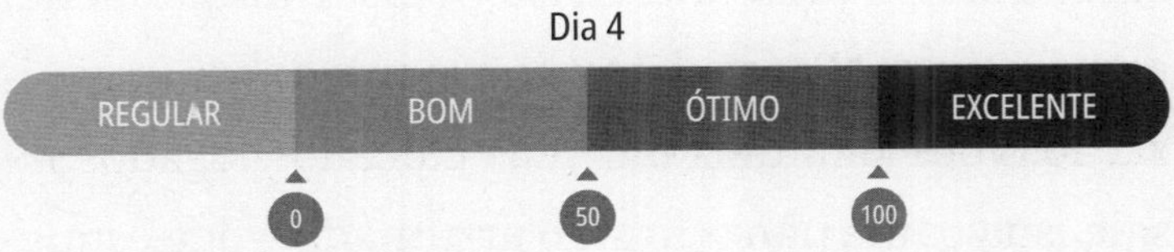

Dia 5

Vamos falar sobre acordos?

Imagino que a relação entre você e seu filho esteja se tornando mais leve, o sentimento é de que um está conhecendo melhor o outro, principalmente, quando nos permitimos estar vulneráveis. É muito importante que possamos criar combinados quando estamos bem.

Imagine que você chega em casa cansado, com muita fome, pois já passou da hora do jantar; sua maior vontade é tomar um bom banho. Seu dia foi bem tenso, teve vários contratempos no trabalho, discutiu com alguém no trânsito e, ao chegar em casa, imaginando que teria mais tranquilidade, alguém fala: "Precisamos conversar sobre organização, você tem deixado seus calçados jogados na sala, sua cama não tem sido arrumada, você esqueceu de fechar as tampas das panelas..."

Qual seria seu sentimento? O que você teria vontade de fazer?

Provavelmente, não estaria em um momento legal para fazer acordos, não é mesmo? Por isso é indispensável que isso seja feito quando as partes envolvidas estiverem em um estado emocional tranquilo, em que razão e emoção estejam em equilíbrio, buscando direcionar o assunto abordado para uma solução e não gerar discussões fervorosas, que nos arrependemos depois.

Considerando que hoje estão tranquilos, dialogando bem, sem problemas significativos que atrapalhem o dia, chegou o momento de construir combinados juntos. Mas por que juntos? Os pais não deveriam ditar as regras e os filhos obedecerem?

Então, diante dessa pergunta que pode ser uma dúvida sua, já te farei outra pergunta que talvez ajude na resposta:

— Você seria mais colaborativo em uma situação em que as regras foram impostas sem que tivesse o direito de opinar ou em uma situação em que, você, juntamente com as pessoas envolvidas, decidiu como fazer?

Imagine que no seu ambiente de trabalho, dois colegas estavam com dificuldade para chegar no horário, e o líder do setor, sem aviso ou conversa com você, mudou sua escala de trabalho. O que acontece é que seu novo horário o impossibilita de levar seus filhos à escola ou o faz chegar tão tarde que não vai ter tempo para fazer atividade física. Como você se sentiria?

Algumas pessoas podem pensar: "Ah, mas ele é o 'chefe', pode fazer qualquer coisa". Entendo esse ponto de vista e, mais uma vez, essa não é a questão. A pergunta é: como você se sentiria? Talvez pudesse se sentir sem valor, sem voz, invalidado.

Agora, vamos imaginar a mesma situação do trabalho, só que seu líder faz uma reunião, coloca em pauta a dificuldade dos dois profissionais e pede sugestões à equipe sobre como resolver de forma que todos consigam manter as atividades diárias, sem comprometer a rotina de cada um. Talvez fosse sugerido um horário intermediário para alguns, talvez um rodízio tornasse mais leve para todos, ou até mesmo você se dispusesse a mudar seu horário de forma espontânea.

Qual das duas formas preferiria que ocorresse na empresa? Acredito que já temos a resposta, não é? Então, vamos seguir.

Os acordos são formas de criarmos limites empáticos, ajudar nosso filho a ter mais responsabilidade, respeito, aceitar o que for combinado de forma mais madura.

Qual o primeiro passo? Você e seu filho vão escrever cinco coisas que gostariam que fosse diferente, alguma rotina, comportamento, organização, o que vier à mente. É importante que, nesse primeiro momento, façam escolhas mais simples, alcançáveis; depois, vão fazendo com as demais necessidades.

Certo, entendi. Mas sobre o que faríamos acordos? Vou deixar aqui alguns exemplos.

Exemplo 1

Quando formos iniciar uma brincadeira ou atividade, precisamos determinar o tempo que ela irá durar, para dar conta das outras tarefas do dia. E eu não sei você, mas eu já passei por isso de estar no auge da brincadeira para nosso filho e precisarmos parar porque passou da hora de dormir, porque precisamos sair, e isso acaba por finalizar de uma forma bem estressante. Então, um dos combinados poderia ser:

— Filho, quando formos iniciar uma brincadeira, sempre iremos combinar antes o tempo dessa atividade — (usando cronômetro do celular, ampulheta, relógio analógico, uma playlist, o que for mais conveniente para vocês). — E quando esse tempo acabar, nós iremos parar o que estamos fazendo e seguiremos para as atividades que temos que cumprir, tudo bem?

Então, sempre antes de iniciar uma brincadeira, combinem quanto tempo vamos marcar? Não seja taxativo, ouça e cheguem a um consenso, vai ser bem mais leve.

Exemplo 2

— Filho, no meu quarto, eu consigo encontrar as coisas mais fáceis quando está organizado. Vamos combinar onde guardar suas coisas? Onde você acha que fica melhor guardar os livros? As roupas limpas? Os brinquedos? Definidos esses locais, você pode fazer um contrato escrito e assinarem, pode parecer brincadeira, mas esse ato gera uma responsabilidade muito maior e, quando as coisas não estiverem no local que foi decidido, não precisa dar bronca, simplesmente fale:

— Filho, eu vi que os livros estavam no sofá, e qual foi o nosso combinado sobre o melhor lugar para guardá-los?

Deixe que o "contrato" que vocês fizeram dite as regras, as mesmas foram combinadas por vocês, não seja você a pessoa a falar ou até mesmo gritar:

— De novo essa bagunça! Eu já não falei que lugar de livro é na escrivaninha? Repito, deixe que o combinado cobre e não você.

Exemplo 3

Uma dificuldade que percebo para muitos pais é o horário de dormir. Para que não fique chato todos os dias ter que repetir "olha a hora, olha a hora", você e seu filho podem combinar uma rotina para começar a desacelerar as atividades e iniciar o processo de desconexão para o sono.

"Filho, quando o relógio marcar 20h, nós vamos finalizar o que estamos fazendo para nos organizar para dormir".

"Você gostaria que eu lesse uma história para você ou prefere ler sozinho?"

"Você gostaria de um som de chuva para te ajudar a dormir?"

São exemplos que podem ajudar você a pensar em acordos baseados em sua realidade e na idade de seu filho. Esses combinados são muito valiosos e ajudam a construir habilidades de vida muito importantes. Agora, mão na lista.

Marque aqui como foi o cumprimento das atividades de hoje.

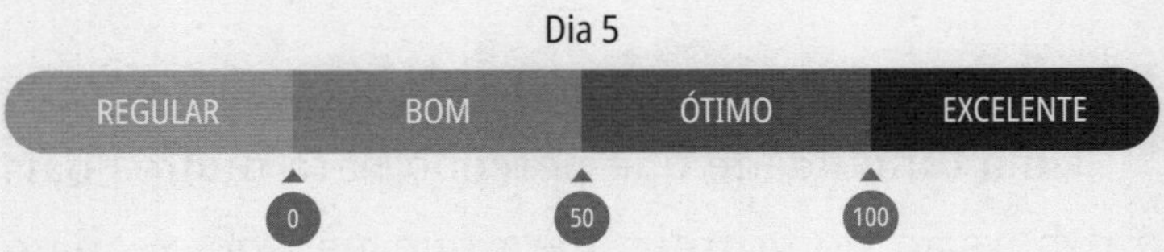

Dia 6

Ontem, falamos sobre a importância dos acordos e como podemos modificar, em conjunto, algumas regras e hábitos em nossa casa. Hoje, trataremos de ações fora de casa, especialmente.

Talvez nunca tenha acontecido com você, mas já houve situações de irmos ao supermercado e minhas filhas pedirem para comprar doce ou biscoito; algumas vezes neguei e, em outras, cedi. Já presenciei algumas cenas de crianças gritando, se jogando ao chão, batendo nos pais, quando recebiam um não. E o mais interessante em situações como essa é o quanto a gente se preocupa com a opinião das outras pessoas, quando, em quase todas essas ocasiões, talvez se sentindo pressionado por aqueles que observam a cena, cedia ao pedido do filho. E aí pode vir a pergunta: "Sim, e o que fazer para evitar que isso aconteça?".

Nossos queridinhos acordos, combinados que fazemos antes de sair para algum lugar. Vamos a alguns exemplos.

Exemplo 1

Estamos saindo para o supermercado:

— Filho, nós estamos indo ao supermercado comprar algumas coisas que estão faltando aqui em casa. Hoje eu não vou poder comprar nada além dos produtos que estão nesta lista. Quando for final de semana e formos novamente, podemos ver alguma coisa que você queira, combinado?

Exemplo 2

Indo ao shopping:

— Filho, estamos indo comprar o presente de seu amigo no shopping. Lá vai ter muito brinquedo e, às vezes, a gente fica com vontade de comprar alguma coisa. Hoje nós só podemos comprar o presente do Joaquim, tudo bem?

Exemplo 3

Indo a uma festa:

— Filho, estamos indo ao aniversário do Joaquim, e sabemos que nas festas geralmente tem bastantes doces, salgados e comida. Quando nós vamos para uma festa, devemos nos divertir e ficar à vontade quanto à comida, aproveitar para nos divertirmos, e nós podemos comer de tudo, só não podemos exagerar nos doces. Como amanhã vai ter aula para você, sairemos da festinha no máximo às 20h30, então aproveita bastante o tempo lá, tudo bem? Você prefere que eu te lembre que está perto da hora de ir quando faltarem 15 ou 30 minutos?

É muito importante que nós saibamos o que queremos, também o que não queremos, e direcionar os combinados para o que também pretendemos evitar. E aí você pode estar se perguntando: "Tá, e se quando eu estiver no supermercado, shopping, festinha e meu filho não quiser cumprir o combinado?"

Aí vem uma parte que ajuda nossos filhos a terem mais responsabilidades por suas escolhas e acordos firmados. Após mencionar o que seria o combinado, antes de sair de casa, se faz necessário pensar em uma consequência caso isso não seja respeitado. Isso não se trata de castigo ou punição, é uma consequência natural que somente ocorre quando não cumprimos algo. Como nosso caso, como adultos, se chegarmos atrasados ao trabalho, podemos sofrer um desconto no salário. Nós já estamos cientes de que isso pode acontecer, então precisamos nos organizar para evitar isso; caso aconteça, aceitar as consequências.

Então, precisamos combinar com nossos filhos também, em cada situação. Por exemplo:

— Filho, caso você insista que quer um doce, mesmo já tendo combinado que hoje não iremos comprar, o que você acha que é justo fazer?

(Provavelmente, ele não vai falar nada, afinal, quem quer perder alguma coisa?).

Aí vem a sugestão:

— Filho, caso você insista em comprar algo que não está na lista, eu não poderei comprar e, quando for ao supermercado na próxima semana, não poderei te levar comigo, certo?

Nós podemos fazer acordos como esse para os outros ambientes como consequências naturais que nos ensinam a ter mais disciplina, responsabilidade e respeito. É muito importante que o que você combinar seja cumprido, pois se a regra que fizemos em acordo é quebrada, principalmente por nós, como podemos esperar que nossos filhos a cumpram?

Então, vamos para a ação? Quais combinados você vai criar com seu filho hoje para treinar o desenvolvimento dessas habilidades?

Marque aqui como foi o cumprimento das atividades de hoje.

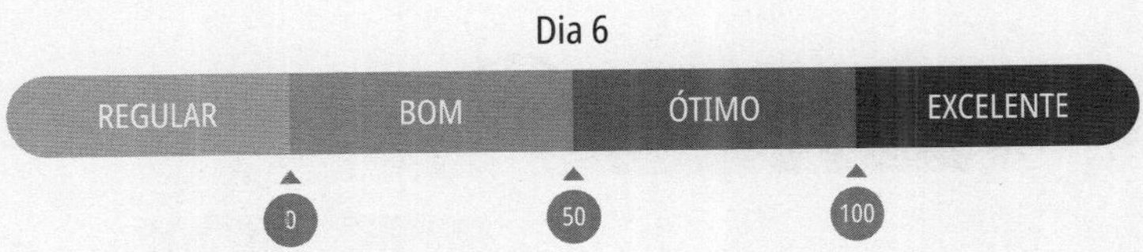

Dia 7

Estamos chegando ao final de uma semana de novas práticas e descobertas. Talvez algumas inquietações tenham surgido e mais uma dose de autoconhecimento pode te ajudar a esclarecer alguns sentimentos novos. Então, vamos preencher a tabela a seguir com algumas situações que você vivenciou e entender o que te trouxe, como no exemplo:

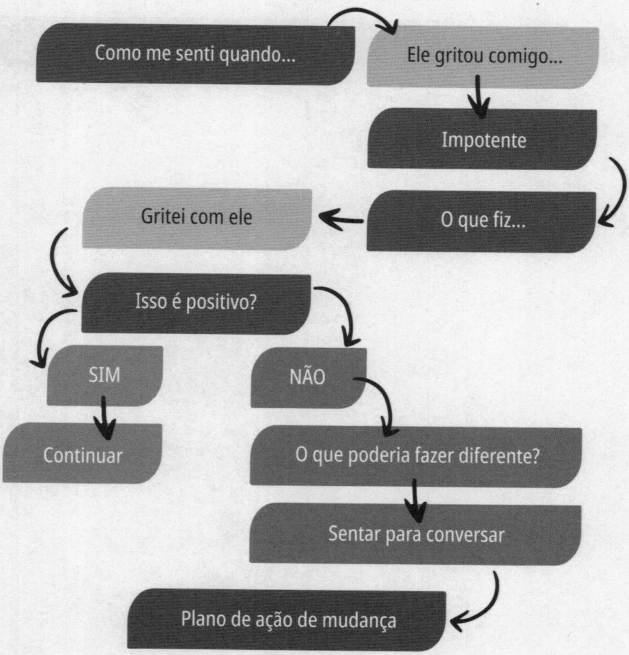

Faça esse esquema com pelo menos três situações.

Situação 1

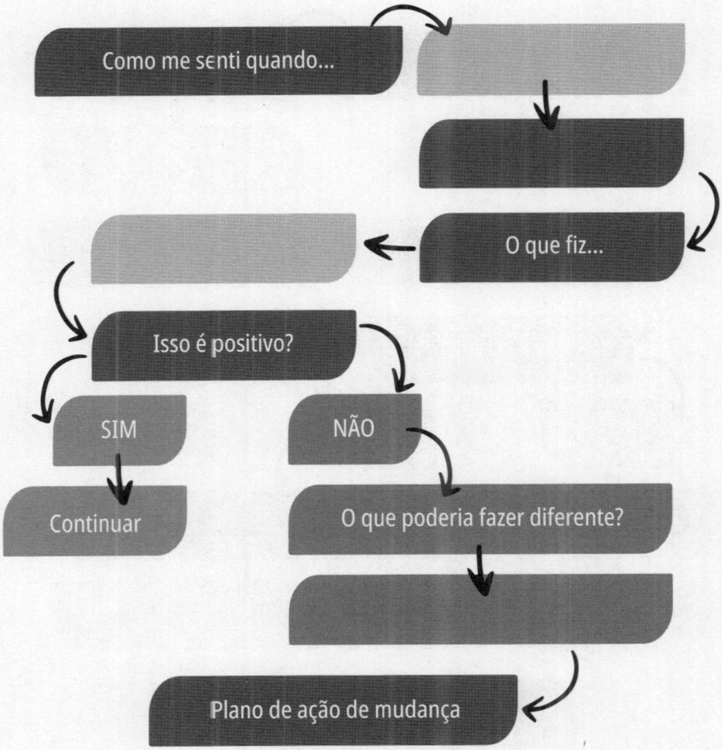

Situação 2

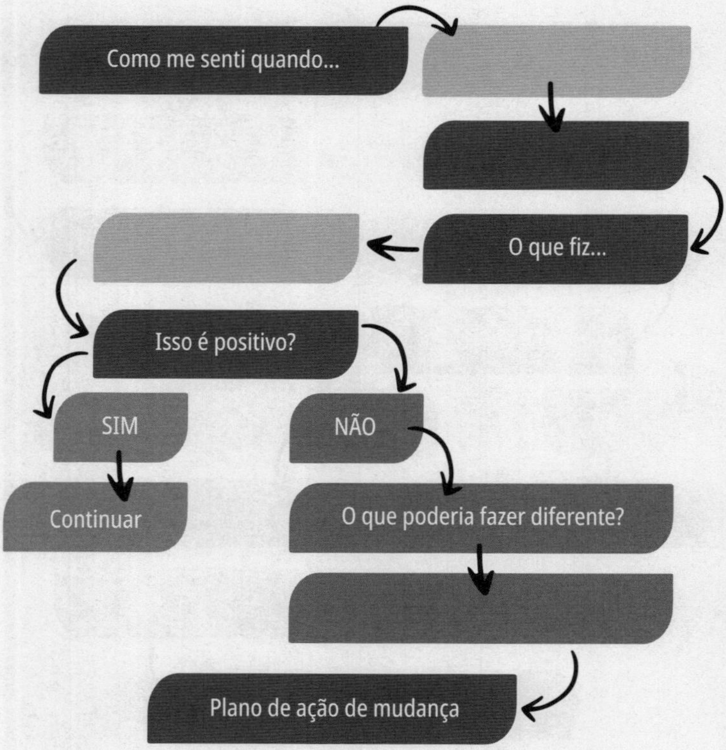
Como me senti quando...
O que fiz...
Isso é positivo?
SIM
NÃO
Continuar
O que poderia fazer diferente?
Plano de ação de mudança

Situação 3

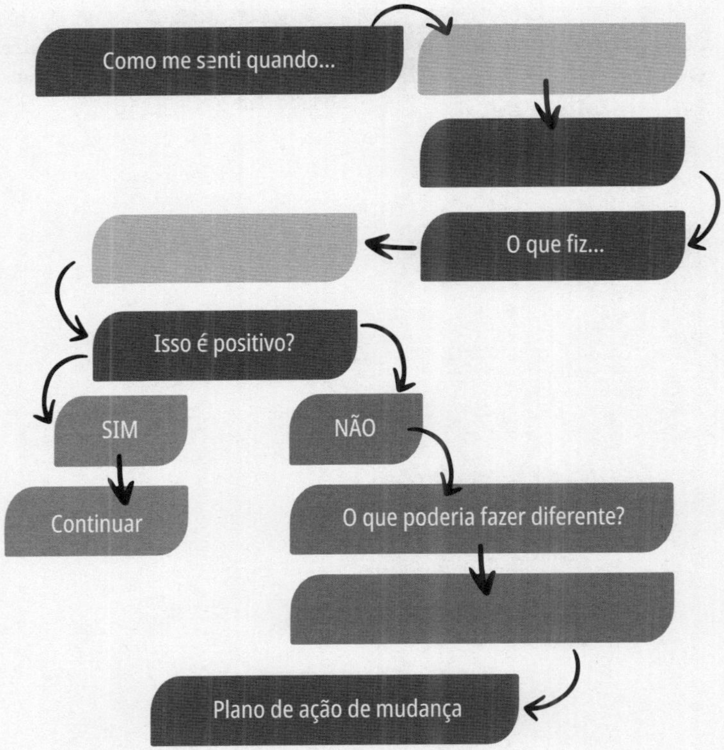
Como me senti quando...
O que fiz...
Isso é positivo?
SIM
NÃO
Continuar
O que poderia fazer diferente?
Plano de ação de mudança

Agora, transcreva as soluções para a tabela a seguir. Ela vai servir de ajuda para lembrar o que realmente gostaria de fazer e colocar em prática com maior facilidade.

COMPORTAMENTO	O QUE VOU FAZER
Gritou	Falar baixo e sentar para conversar ao lado dele

Marque aqui como foi o cumprimento das atividades de hoje.

Dia 7

Dia 8

Vamos começar o dia de hoje refletindo sobre quais perguntas geralmente você faz para seu filho quando vai pegá-lo na escola ou quando chega em casa do trabalho. Seriam algumas assim?

- Como foi na escola?
- Como foi seu dia?
- Foi bem na escola?
- Qual a nota da prova ou trabalho?
- Lanchou?
- Alguma novidade no dia de hoje?

Deixe-me ver se adivinho, é bem comum recebermos respostas que finalizam nossa conversa sem dar chance para outras perguntas, como:

- Legal;
- Foi bom;
- Normal;
- Sim;
- Igual;
- Foi... (típico de adolescentes).

Nós, como pais, muitas vezes reclamamos porque nossos filhos falam pouco; na verdade, eles precisam de estímulos e esses devem ser iniciados por nós. Perguntas como as que foram dadas como exemplo não instigam para uma conversa mais longa; pelo contrário, pedem uma resposta simples e curta.

Que perguntas podemos fazer, então, para melhorar a comunicação com nossos filhos? Como saber fatos interessantes sobre o dia deles, as dificuldades, o que mais gostou, o que fez com que o dia deles fosse diferente? A seguir, coloquei exemplos de algumas perguntas para fazer no dia a dia para seu filho:

1. Me conte uma coisa que te fez rir hoje na escola.
2. Se você pudesse escolher, ao lado de quem você se sentaria? Por quê?
3. O que você aprendeu hoje que achou bem estranho? Interessante?
4. Você ajudou algum colega hoje? Como foi?
5. Alguém te ajudou? Como foi para você? O que sentiu?
6. Qual momento ficou mais feliz na escola hoje?
7. Teve algum momento que ficou entediado? O que estava acontecendo?
8. O que você acha que a escola deveria ensinar e não ensina hoje?
9. O que você acha que a escola ensina, mas não acredita que vai ser útil?
10. Quem é o colega mais engraçado da sala? O que ele faz que o torna tão engraçado?
11. Como seria um dia perfeito para você?
12. Se você pudesse escolher qualquer coisa para fazer agora, o que seria?

13. O que te deixa mais irritado?
14. O que as pessoas fazem com você que faz se sentir amado?
15. Como você se sente quando eu te abraço?
16. Se nosso cachorro (animal de estimação) pudesse falar, o que ele diria para nós?
17. Se você ganhasse duzentos reais para fazer caridade, o que você faria?
18. Se você fosse escrever um livro, sobre o que seria?
19. O que mais gosta de fazer para ajudar as pessoas?
20. Com o que você acha que vai sonhar hoje?

Quando receber a resposta de seu filho, dê continuidade à conversa, pergunta o porquê, como seria se algo fosse diferente, como ele gostaria que fosse, peça mais detalhes. Sua missão de hoje é escolher, pelo menos três perguntas da lista, e fazer a seu filho a cada dia. No início pode parecer difícil, mas depois vai se tornando um hábito e as perguntas vão fluindo sem precisar dar uma olhadinha por aqui. Combinado?

Marque aqui como foi o cumprimento das atividades de hoje.

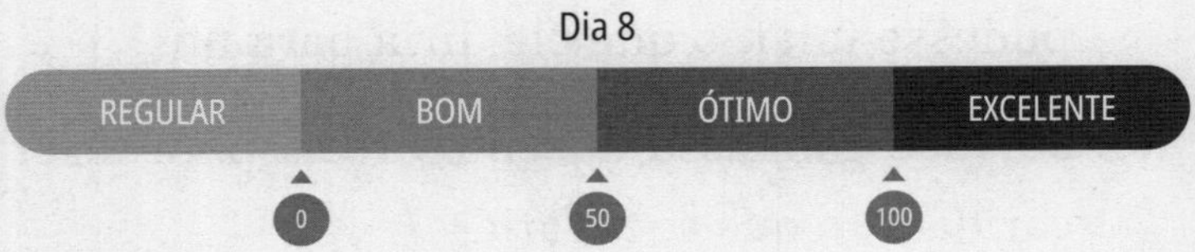

Dia 9

Vocês gostam de brincar de jogo da memória? É uma brincadeira que não tem idade, todos podem participar e ainda estimular o cérebro. Você já pensou em ter um tempo de qualidade com sua família, brincar, exercitar o cérebro e ainda criar e relembrar memórias afetivas?

É isso mesmo, nós vamos criar um jogo afetivo da memória. E para que todos possam se sentir ainda mais pertencentes, é importante a participação de cada membro da família desde o início, combinado?

Vamos lá, o primeiro passo é selecionar algumas fotos para nosso jogo. A quantidade vai depender do nível de dificuldade que você pretende fazer. Vocês podem iniciar escolhendo 18 fotos e, depois, aumentar o nível, acrescentando mais.

Durante a escolha, procure estimular a conversa entre vocês, perguntando:

— Vocês se lembram dessa viagem? O que mais gostaram dela? Lembram desse aniversário? Foi quando aconteceu...

Esse é um momento de nostalgia, conexão e carinho entre a família, relembrando momentos muito importantes da vida de vocês. Aproveitem!

Escolhi as 18 fotos, e agora? Se as fotos forem digitais (a maioria hoje está nesse formato, não é?), você vai colocar para imprimir, de preferência com uma qualidade melhor, duas cópias de cada foto no tamanho que você preferir. O papel linho branco tem uma espessura legal para o jogo; se preferir uma qualidade melhor, pode imprimir em papel fotográfico. No modelo que eu fiz, imprimi nove fotos em uma página do tamanho A4, em papel fotográfico. Ficou um tamanho legal para uma carta para o jogo, mas fica a seu critério o tamanho que prefere brincar.

Após imprimir, corte para deixar no formato de cartas de baralho. Lembrando que precisamos ter duas unidades de cada foto, então teremos 36 cartas. Se você tiver acesso, pode plastificar os cartões e, assim, manter o jogo intacto por mais tempo, levar para viagens.

E como funciona o jogo?

- Vocês vão embaralhar as cartas e colocá-las lado a lado e abaixo, formando colunas, com a imagem voltada para baixo;
- Escolham quem vai iniciar; o primeiro a jogar vai escolher duas cartas e virar. Se elas forem com a mesma imagem, o jogador fica com as cartas para si; caso não coincidam, ele coloca as cartas de volta no mesmo local e o próximo vai fazer a jogada; assim, cada um vai realizando as tentativas e circulando até acabarem todas as cartas;
- Vence quem terminar o jogo com mais cartas.

Quando estiver jogando, perceberá que vai ser muito melhor de memorizar o local da carta com a foto de uma viagem, um aniversário, o nascimento de um filho, uma comemoração, com esse jogo afetivo do que quando brincamos com um "jogo da memória comum", que possui números ou figuras aleatórias. Com esse jogo personalizado, estamos estimulando não só o desenvolvimento cognitivo da família, como aumentando a conexão, fortalecendo memórias positivas e afetivas.

Bom jogo e excelente diversão a todos!

Marque aqui como foi o cumprimento das atividades de hoje.

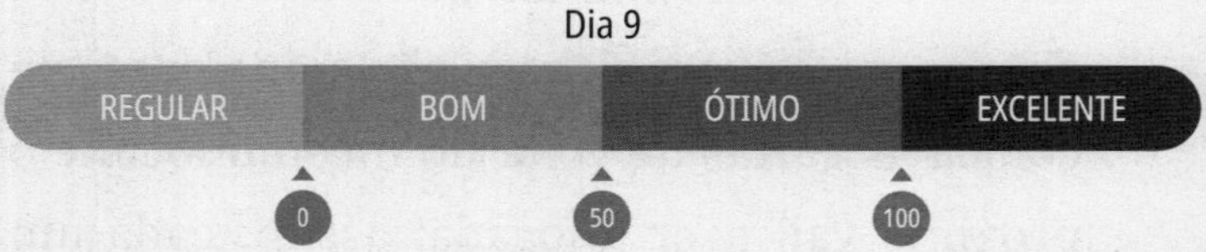

Dia 10

Uma das minhas maiores dificuldades como mãe é quando percebo que minhas filhas estão com baixa autoestima, que não se conhecem ou não valorizam suas habilidades o suficiente para estarem bem. As comparações estão presentes em todos os lugares e, quando não nos conhecemos o suficiente para valorizar aquilo que somos, o papel que desempenhamos e a importância que temos na vida das pessoas, isso pode causar uma grande frustração.

As redes sociais são uma grande causa de adoecimentos mentais, principalmente entre crianças e adolescentes que possuem acesso irrestrito a elas. O que podemos fazer para conscientizar nosso filho da importância que ele tem para nós e para as pessoas que o amam?

Uma das coisas mais importantes é proporcionar o autoconhecimento, que pode ser feito por meio de terapia, cursos, conversas. Aqui deixo uma atividade para que você faça com ele, reforçando sempre que deve ser feita sem julgamento de sua parte, como é preciso conscientizá-lo que ele também não deve se julgar, criticar ou punir. Esse momento deve ser feito de forma lúdica e leve.

Na roda a seguir, apresento algumas questões a serem avaliadas por seu filho, é a percepção dele sobre si mesmo, portanto é importante que não dê opinião, ajude-o a pensar e refletir, contribuindo para o autoconhecimento, responsabilidade de mudanças e desenvolvimento de habilidades. Em cada uma das fatias da "pizza", você vai perguntar: "Filho, quanto você acredita que está hoje em relação à sua participação nas aulas? De 1 a 10, qual nota você se daria?".

É importante não racionalizar tanto, deixar que a parte emocional do cérebro tome à frente, então dê para ele o comando de responder o que vier à mente, por exemplo: "Filho, quando eu fizer a pergunta, você vai ter três segundos para responder".

Então, quando você perguntar, pode contar: "1, 2, 3, já". Qual a resposta? E seu filho pode pintar na roda a resposta que ele escolheu. É muito importante que ele mesmo vá preenchendo, pintando na figura as respostas que ele vem dando; fortalece o compromisso consigo mesmo.

Você fará esse processo com todos os outros pontos a serem avaliados na roda.

Vou deixar aqui uma sugestão para cada pergunta para facilitar a aplicação, mas você pode fazer as próprias perguntas adaptando à realidade de seu filho.

- Filho, quanto você acredita que está hoje com relação a sua participação nas aulas? De 1 a 10, qual nota você se daria?
- Qual a importância de seus amigos para você? Você considera seus amigos leais? De 1 a 10, quanto confia nos seus amigos?
- Você acha que passa tempo suficiente com sua família? De 1 a 10, quão satisfeito está com o tempo que passamos juntos?
- A nossa saúde é muito importante para vivermos bem, e uma coisa que precisamos fazer para cuidar dela é nos alimentarmos bem. De

1 a 10, quanto você acredita que se alimenta de coisas saudáveis?

- É muito importante que a gente se divirta, porque a vida precisa de equilíbrio. Não podemos somente trabalhar ou estudar, nem somente brincar, não é? Você acredita que se diverte o suficiente? De 1 a 10, quão satisfeito você está com a diversão que tem durante a semana?
- É muito importante a gente entender o que nós somos, como nos comportamos e estar sempre avaliando nossos comportamentos. A autoimagem não significa beleza externa, e sim como nos vemos. Como você acredita que é visto pelas pessoas? De 1 a 10, quanto você acredita que passa segurança para as pessoas com que convive?

As perguntas acima são apenas sugestões, você pode escolher as que mais fizerem sentido para você e seu filho e adaptá-las de acordo com a linguagem mais adequada para ele.

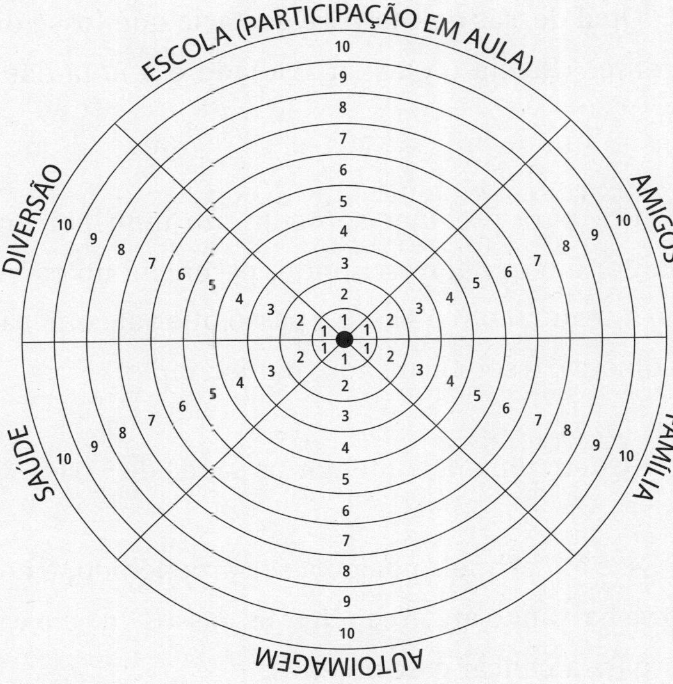

Perguntas respondidas, roda preenchida, vamos para o plano de ação. Essa é a parte mais importante, pois, sem ação, ficamos somente com as ideias, e estas sumirão da nossa mente. Então, da mesma forma que você escolheu lá no início para mudar algo que te incomodava e gostaria de fazer diferente, pergunte a seu filho:

"Qual dessas coisas você gostaria que fosse diferente? (Releia o que foi avaliado e a nota dada por ele)."

Peça para escolher somente um item por enquanto; e o que for escolhido, preencha no caminho a seguir, com o passo a passo que vai começar do objetivo a ser alcançado, por exemplo:

- Quero uma nota melhor na saúde de 6 para 9.

Esse é o primeiro balão a ser preenchido, e então vá baixando até preencher os passos que ele vai dar para alcançar esse objetivo.

Ao final, tire cópia e deixe colado em um local que seu filho possa ver e acompanhar o processo. Coloque datas (semanas, meses) em cada passo, como se fossem metas menores a serem alcançadas, pois o objetivo, quando é mensurável, se torna mais fácil de realizar; afinal, temos um prazo definido.

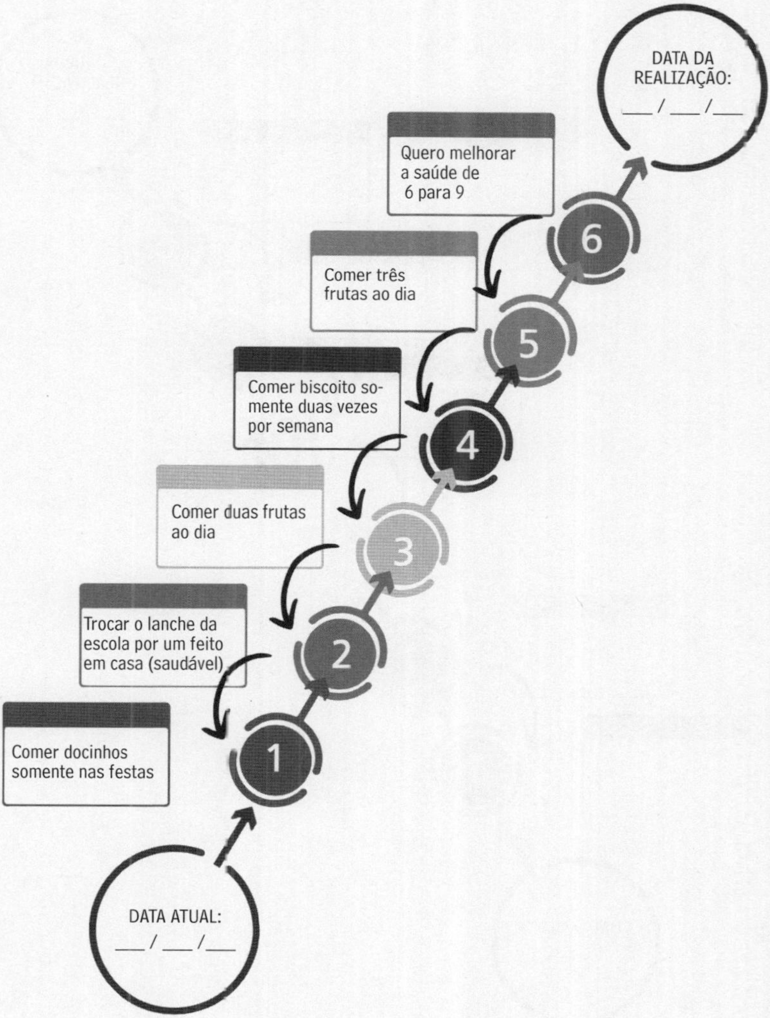
DATA DA
REALIZAÇÃO:
___ / ___ /___
Quero melhorar
a saúde de
6 para 9
6
Comer três
frutas ao dia
5
Comer biscoito so-
mente duas vezes
por semana
4
Comer duas frutas
ao dia
3
Trocar o lanche da
escola por um feito
em casa (saudável)
2
Comer docinhos
somente nas festas
1
DATA ATUAL:
___ / ___ /___

DATA DA
REALIZAÇÃO:
___ / ___ /___
6
5
4
3
2
1
DATA ATUAL:
___ / ___ /___

Marque aqui como foi o cumprimento das atividades de hoje.

Dia 10

Dia 11

Durante o percurso para alcançarmos algum objetivo, sempre aparecerão obstáculos e dificuldades; talvez pensemos em desistir. Afinal, como é difícil fazer mudanças, não é mesmo? Em especial, aquelas que possuem um valor gigante para nós.

Quando colocamos uma meta, é natural que no início haja muita empolgação e sentimento de certeza de que alcançaremos; aos poucos, essa motivação pode ir diminuindo se nós não tivermos clareza do quão importante é para nós a realização desse objetivo. Por esse motivo, trago algo que pode ajudar você e seu filho a se manterem firmes em suas metas, tomando consciência dos benefícios que terão ao continuar o passo a passo deste livro.

Você vai preencher uma folha com suas informações, e seu filho preencherá a dele (ajude-o, caso precise). O resultado esperado é o objetivo que você quer alcançar. Pode preencher essa parte logo no início.

Em seguida, preencha o que pode acontecer de ruim se você não seguir o planejado e o que pode acontecer de positivo se você seguir. Então, vá preenchendo os quadros a seguir referentes à sua vida, à vida de sua família e à vida dos outros.

	O que é provável acontecer se...	
	eu não seguir o que foi planejado	eu seguir o que foi planejado
Na minha vida		
Na vida da minha família		
Na escola/no trabalho		
Na vida de pessoas que eu não conheço (no mundo)		
Resultado desejado:		

Quadro pai/mãe

<table>
<tr><td rowspan="2"></td><td colspan="2">O que é provável acontecer se...</td></tr>
<tr><td>eu não seguir o que foi planejado</td><td>eu seguir o que foi planejado</td></tr>
<tr><td>Na minha vida</td><td></td><td></td></tr>
<tr><td>Na vida da minha família</td><td></td><td></td></tr>
<tr><td>Na escola/no trabalho</td><td></td><td></td></tr>
<tr><td>Na vida de pessoas que eu não conheço (no mundo)</td><td></td><td></td></tr>
<tr><td colspan="3">Resultado desejado:</td></tr>
</table>

Quadro filho(a)

	O que é provável acontecer se...	
	eu não seguir o que foi planejado	eu seguir o que foi planejado
Na minha vida		
Na vida da minha família		
Na escola/no trabalho		
Na vida de pessoas que eu não conheço (no mundo)		
Resultado desejado:		

Essa é uma perspectiva geral para que vocês tenham ideia do quão grandioso é o objetivo que escolheram. É muito importante para termos noção do quanto isso impacta não apenas em sua vida, mas na vida de todas as pessoas que convivem com vocês.

Marque aqui como foi o cumprimento das atividades de hoje.

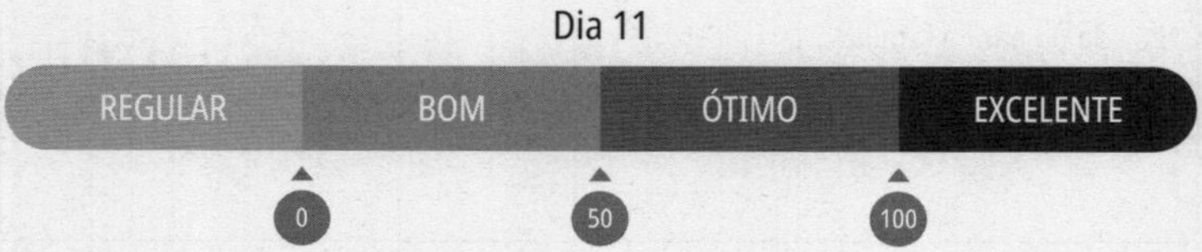

Dia 12

O que você faz para manter o controle quando está nervoso? Seja em uma apresentação em público, falar com alguém que não conhece, lidar com uma discussão no trânsito, resolver algum problema com o filho que está gritando... Enfim, o que você faz para manter o autocontrole e lidar com o momento de forma tranquila e pacífica?

Difícil, não é? É muito comum perdermos o controle de nossas emoções em situações como essas, mas é possível utilizar técnicas que nos permitam agir de forma mais controlada e tranquila.

Você já ouviu os comissários de bordo durante os voos explicarem as medidas de segurança e mostrarem que primeiro precisamos colocar as máscaras em nós mesmos e, depois, ajudar as outras pessoas? Então, a sugestão também vale para a prática dessa técnica. Você vai aprender a praticar e, depois, vai ajudar seus filhos a fazerem o mesmo, combinado?

Utilizaremos uma técnica que ajuda a controlar a respiração, responsável por oxigenar todo o corpo, inclusive o cérebro, que precisa de oxigênio para nos manter focados, com autocontrole, capazes de manter o equilíbrio entre a razão e emoção, com uma âncora, que vou explicar melhor a seguir.

Você foi ao mar e encontrou alguns navios enormes parados. Bom, não é uma cena tão comum para quem não mora na região de praia ou viaja para curtir o solzão. Mas, certamente, você já viu em desenhos animados como as âncoras são utilizadas para fazer com que o navio se mantenha naquele local, parado. O nosso objetivo é criar uma âncora, e ela deve te manter com o pensamento que você deseja acessar quando passar por alguma situação desafiadora. Como assim? Vou te explicar como funciona uma das âncoras que eu utilizo e, depois, você cria a sua, tudo bem?

Eu não sei você, mas eu sempre tive muita dificuldade de falar em público. Mãos trêmulas, a voz quase não sai, frio na barriga, medo, enfim, vários sentimentos e sinais mostrando o medo ao me expor. Em uma das formações que fiz, estava me preparando para falar em público com todos esses sintomas no meu corpo, quando um colega de curso, treinador experiente, falou:

— Faz uma âncora para te ajudar.

Caiu uma ficha:

— Poxa, verdade! Não havia pensado nisso.

Então, no meu lugar do auditório, peguei o dedo indicador e coloquei em cima do polegar da mesma mão, fiquei pressionando e soltando e respirando, com uma respiração bem sincronizada. Fiz isso por uns três minutos e percebi que já não tremia, não sentia o frio na barriga, me senti pronta para falar.

Direcionei-me para a sequência de pessoas que aguardavam para falar e, até chegar a minha vez, mantive minha âncora acionada. Ao chegar no palco, não tremi, gaguejei, fiz as pessoas rirem e falei melhor do que eu imaginava. Essa âncora, esse movimento, utilizo até hoje, se estiver nervosa, tensa, ansiosa com alguma situação, prestes a entrar para alguma apresentação, tudo o que precisar melhorar ou manter meu autocontrole.

Agora chegou a sua vez, vamos fazer passo a passo:

1. Escolha qual região do corpo e movimento você vai escolher para acessar quando precisar (é importante que seja uma área bem acessível, ficaria complicado você ficar mexendo na barriga, ter que levantar a calça ou algo do tipo, em público, não é verdade?);
2. Em um local tranquilo, durante três minutos, faça o movimento escolhido e respire de forma sincronizada, perceba o ar entrando e saindo, sinta no seu corpo a inspiração e a expiração. Se preferir, faça de olhos fechados e imagine um local que você sente muita paz, tranquilidade;
3. Vamos fortalecer a âncora? Mesmo que não se depare com situações desafiadoras, acesse o movimento e perceba a mudança em seu corpo e mente quando você faz isso. Faça, pelo menos, uma vez ao dia, não precisa fazer durante os três minutos; com a prática, com apenas alguns segundos, seu corpo já vai entender o sinal e vai se regulando de forma mais rápida.

Quando você se sentir seguro na prática, acionando de forma rápida a âncora que criou, ensine seu filho. Certamente, ele vai conseguir lidar bem melhor com as adversidades do dia a dia.

Marque aqui como foi o cumprimento das atividades de hoje.

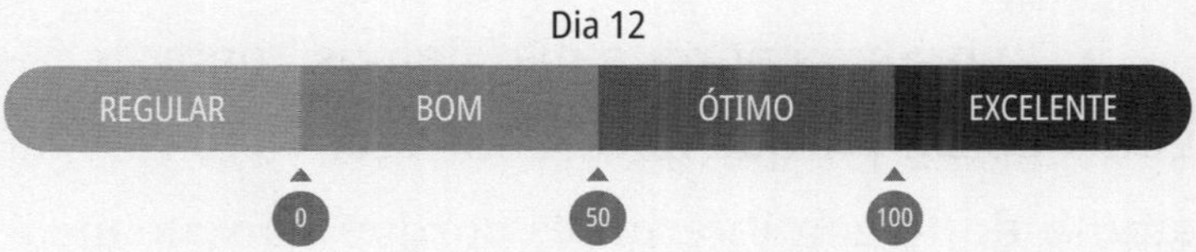

Dia 13

Você já parou para pensar o quanto nos criticamos no nosso dia a dia? Nos cobramos porque não demos conta de alguma coisa, porque deveríamos ter feito isso ou aquilo de forma diferente, porque não alcançamos os resultados esperados.

Se eu te perguntasse quais são os seus pontos de melhoria (alguns chamam de pontos negativos, mas eu não gosto desse termo; para mim, nada é negativo, pois sempre há algo de positivo em qualquer evento que nos aconteça), quais você conseguiria falar em 30 segundos?

Vamos lá, marque no relógio e vá contando.

Feito? Quantos pontos você conseguiu colocar?

Agora vamos fazer o inverso, prepare o cronômetro e, durante os próximos 30 segundos, sinalize seus pontos positivos. Valendo? Já!

Pronto? O tempo acabou?

Quantos pontos você conseguiu pensar durante esse tempo? Foram mais ou menos habilidades do que pontos de melhoria?

Se você pensou em mais coisas positivas, parabéns! Você está reconhecendo seu potencial e valorizando as conquistas. Se pontuou mais no primeiro momento, fique tranquilo, nosso próximo passo é trazer mais clareza e elevar esse número.

Esta é uma atividade que você pode fazer sozinho ou com seu filho; cada um vai preencher sua atividade. É muito importante trabalharmos esses pontos para fortalecer autoestima, autovalorização, percepção do potencial que temos e muitas vezes desconhecemos porque não paramos para fazer essa análise e vivemos no automático das críticas, buscando ser melhor e melhor.

Vamos lá! A seguir, você vai encontrar uma roda em que fará uma autoavaliação de 0 a 10 com relação a cada FORÇA que está lá descrita.

Se quiser modificar algumas delas, fique à vontade, afinal, somente você vai saber quais as melhores habilidades para seu contexto. Avalie cada item de forma rápida, sem racionalizar, a primeira resposta que vier à sua mente será a melhor resposta.

Evite o autojulgamento e traga para o momento a ideia de que se conhecer e entender o momento atual é um presente que nos mostra as possibilidades de melhoria. A crítica não é bem vinda por aqui.

Autoavaliação pai/mãe

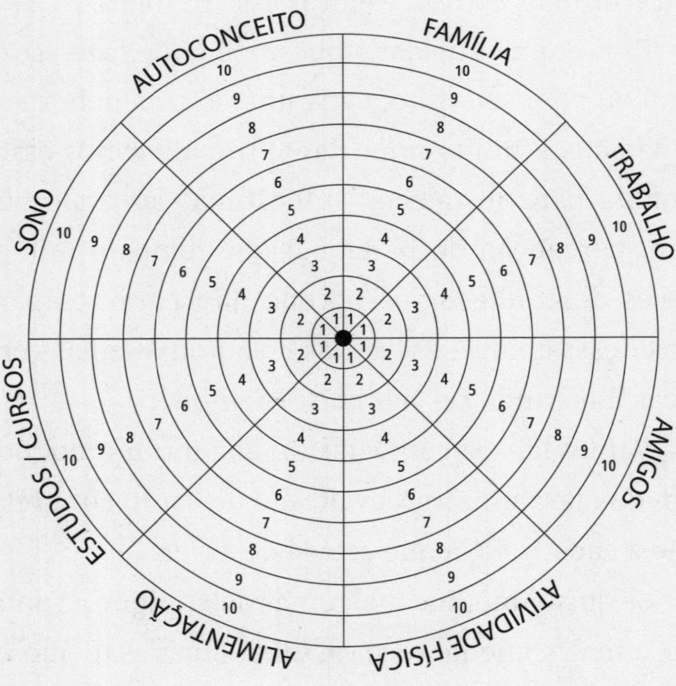

Autoavaliação filho

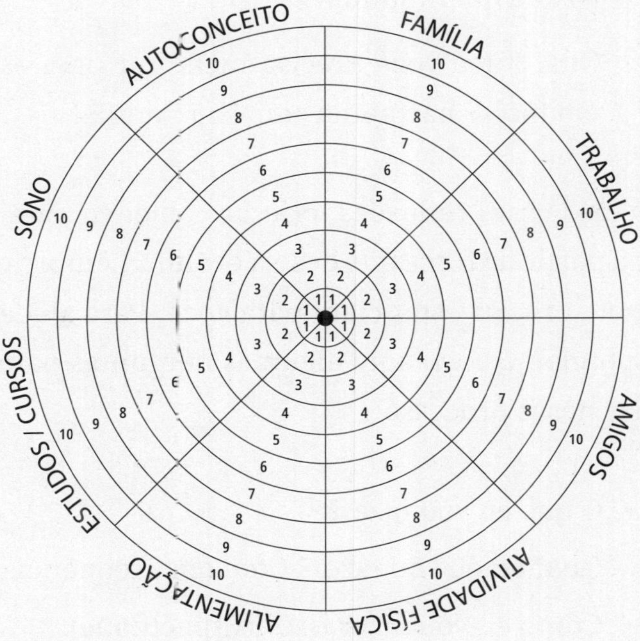

Após fazer a autoavaliação de todos os itens, marcando a nota que compete ao momento, gostaria que refletisse sobre as seguintes perguntas:

- Existe alguma área em que você está subutilizando suas forças?
- O que você precisaria fazer para utilizar melhor a força x (escolha uma força que percebe

que pode melhorar) para alcançar um objetivo que quer muito?

- Qual força você precisa melhorar para estar em maior harmonia com sua família?

Após essas reflexões, crie um objetivo para fazer a partir da força que deseja evoluir. Lembre que a meta precisa estar clara para você. Para ajudar a responder, coloco aqui algumas perguntas para te guiar nesse processo:

- O que eu vou fazer?
- Quando eu vou fazer? Com que frequência?
- Como eu vou fazer isso? (Especifique)
- Com quem eu vou fazer isso?
- Por que isso é importante para mim?

Marque aqui como foi o cumprimento das atividades de hoje.

Dia 13

REGULAR	BOM	ÓTIMO	EXCELENTE

0 50 100

Dia 14

Eu não sei como é a cobrança de notas escolares na sua casa, mas por aqui eu pegava pesado para que as meninas tirassem sempre notas excelentes e, muitas vezes, eu não reconhecia o esforço, olhava para a nota menor.

Com o tempo, eu fui valorizando coisas mais importantes como organização do material, disciplina com a entrega de trabalhos, pontualidade para sair de casa, respeito com os colegas e professores; enfim, habilidades sociais que vão além de notas no boletim, características aprendidas na infância que levaremos para a vida toda.

Talvez você esteja se perguntando se essa mudança não trouxe notas vermelhas; pelo contrário, trouxe o ânimo de saber que não precisavam decorar assuntos, e sim aprender; de se sentirem valorizadas pelos comportamentos, não por notas que são avaliadas de forma fria, sem levar em consideração o que mais importa, na vida escolar, na minha percepção, respeito, disciplina, organização, relacionamentos saudáveis.

Seria hipocrisia falar que não me importo de forma alguma com as notas, afinal, vivemos em uma sociedade que exige isso.

Ainda crianças, somos ensinados que precisamos nos sair bem nas provas para passar de ano, passar para o próximo nível. Com o passar dos anos, essa pressão só aumenta, pois os conteúdos vão ficando mais e mais densos, maior carga horária de aulas, atividades extras, e nós, como pais, "só" queremos que eles deem conta; afinal, eles "só" estudam, não é mesmo?

A questão é que, seguindo o fluxo do que a sociedade impõe, nós fechamos os olhos para as necessidades fisiológicas e emocionais de nossos filhos. Por exemplo, você sabia que uma criança de 6 a 12 anos precisa dormir de 9 a 12 horas por noite?

Você sabia que o sono é uma das necessidades básicas que, quando negligenciamos, trazemos para nossa vida diversas consequências, como falta de foco, irritabilidade, déficit de atenção, transtornos de ansiedade, entre outros? Esse é só um exemplo de algo para que eu não me atentava, não praticava esse hábito e cobrava das minhas filhas um desempenho que jamais elas seriam capazes de ter com a rotina que tínhamos em casa.

Hoje trago para você uma nova percepção sobre notas escolares. Deixo aqui uma atividade para você fazer com seu filho para que ele faça uma autoavaliação sobre si e as disciplinas escolares, mas não no sentido de que estar com nota 10 seja o estado ótimo ou ideal, mas para entender o quanto ele se identifica com a matéria e o quanto sente dificuldade.

A partir da roda a seguir, peça para que seu filho responda o quanto ele gosta, se identifica, tem facilidade com as disciplinas e ele mesmo vai pontuando, ajuda a criar maior percepção e responsabilidade.

Para que ele não fique com muitas dúvidas para responder, diga assim:

— Você tem três segundos para responder a cada pergunta. Primeira pergunta: De 0 a 10 – sendo 10 o mais fácil, o que você mais gosta, e 0 o que menos gosta e considera mais difícil – que nota você dá para Matemática? Três segundos ... Valendo!

Quando ele responder verbalmente, peça para que marque na roda qual nota ele deu e vá seguindo com as perguntas até finalizar todas as disciplinas. Caso deseje mudar alguma, adapte para a realidade de seu filho.

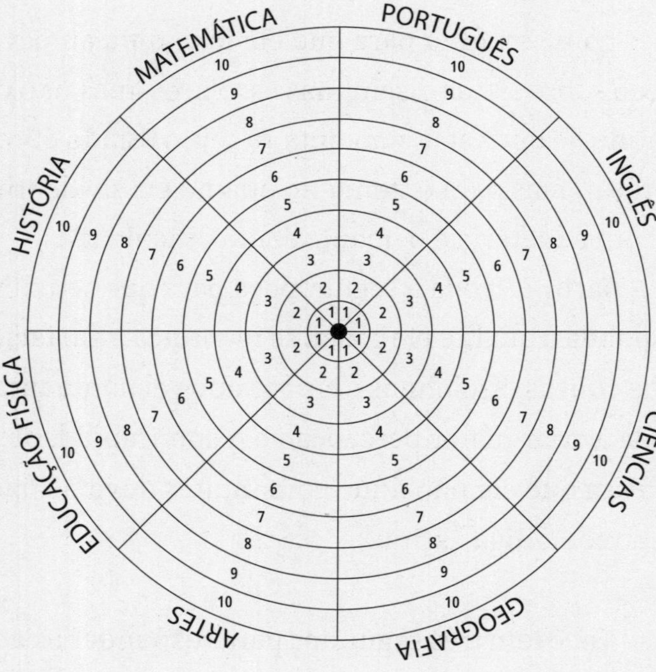

Após responder sobre todas as disciplinas, pergunte a seu filho sobre as disciplinas com maior nota e a menor nota que ele deu:

- “Que nota, de 0 a 10, você dá para a facilidade que o professor tem de transmitir essa disciplina para a turma?” (Fazer todas as perguntas sobre as disciplinas com maior e menor nota).
- “O que aprendeu dessa disciplina que relembra com muita firmeza?”
- “Que sugestão você teria que pudesse facilitar o aprendizado dessa disciplina?”
- “O quanto você gosta do professor que dá aula dessa matéria?”

O objetivo é que entenda com o que mais seu filho se identifica, não apenas com relação à matéria, mas qual o ponto que o faz estar mais interessado na disciplina x. Será que é por que ela é mais fácil ou a didática do professor é melhor?

Depois escreva aqui o que percebeu sobre esta atividade. O que seria importante mudar para que seu filho tivesse um rendimento e engajamento maior em alguma disciplina?

Marque aqui como foi o cumprimento das atividades de hoje.

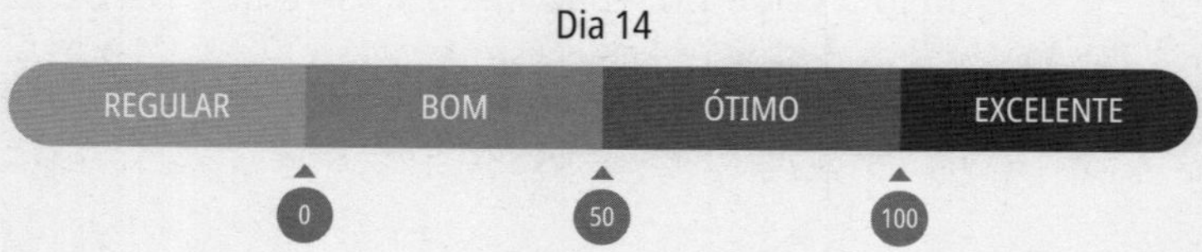

Dia 15

Uma das coisas que percebo ser uma dificuldade de muitos pais com relação a crianças e adolescentes está relacionada à organização, ou melhor, à falta dela. Quartos desarrumados, materiais por todos os lugares, tênis e meias jogados ao chegar da escola, esquecimento de levar algum material para a escola, enfim, são vários fatores que influenciam nosso humor e paciência, não é verdade? Aí lá vem aquele pensamento automático mais uma vez: "Afinal, nós pagamos tudo e eles "só" precisam estudar e manter suas coisas organizadas".

Então, vamos falar um pouco mais da estrutura cerebral das crianças e adolescentes.

Existe uma área que é responsável por planejamento, organização, consciência social, flexibilidade mental, valores morais e tantas outras habilidades, chamada córtex pré-frontal. Essa região, localizada logo à frente do cérebro (tendo como referência a testa), vai se desenvolvendo ao longo dos anos e somente está completamente "madura" por volta de 24 anos de idade. Dessa forma, falando fisiologicamente, crianças, adolescentes e jovens adultos não possuem capacidade de se manter organizados, praticar empatia, ser flexíveis, saber planejar, pois a estrutura cerebral responsável por isso ainda está em formação.

É muito importante entendermos isso para que possamos respeitar o processo de desenvolvimento. E com isso, não quero dizer que precisamos deixar que nossos filhos façam o que quiserem já que não possuem capacidade para isso, e sim que precisamos ensiná-los desde cedo a essas práticas, pois o nosso esforço durante esse período de maturação cerebral vai fazer muita diferença na idade adulta.

Com isso, trouxe aqui uma alternativa para ajudar você e seu filho a encontrarem um caminho mais curto, algo que pode contribuir com o processo de organização, por exemplo.

Vou explicar como funciona de acordo com o exemplo a seguir. Em seguida, você vai fazer com o seu filho com quantos processos desejar, basta escolher e colocar em prática.

O primeiro local a ser preenchido é o retângulo 1:

1. Qual o objetivo?

Os próximos retângulos são os da linha 2:

2. Qual mudança preciso fazer?

Em seguida, preencher o retângulo 3:

3. Quais as etapas para isso acontecer? Quais são os detalhes que eu não estava fazendo?

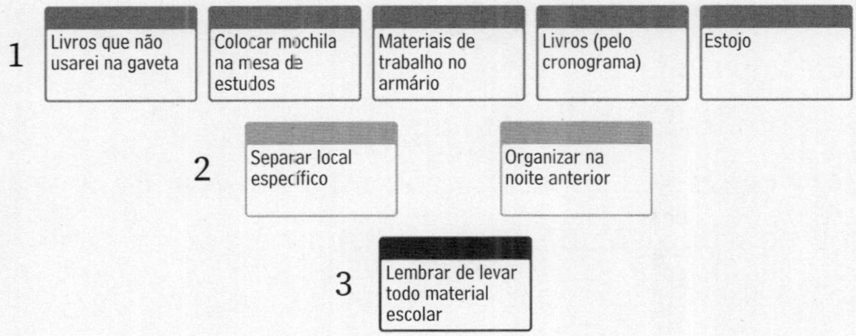

Para preenchimento

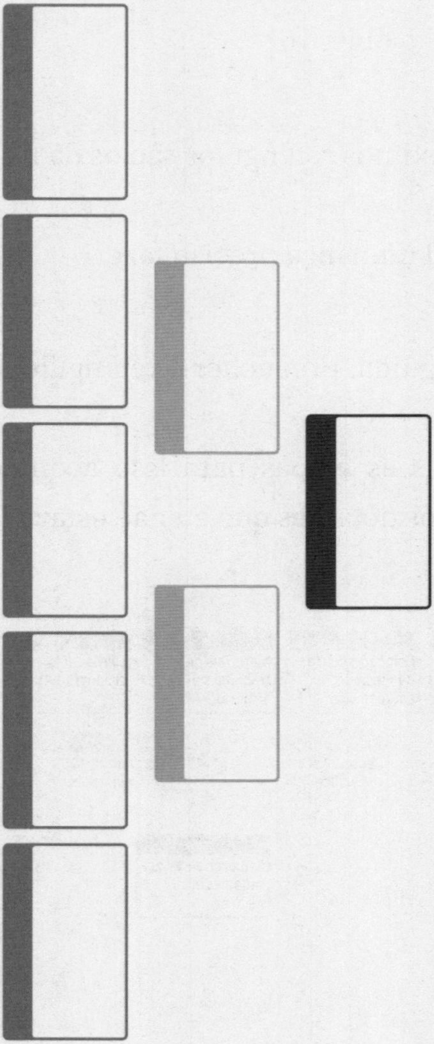

Marque aqui como foi o cumprimento das atividades de hoje.

Dia 15

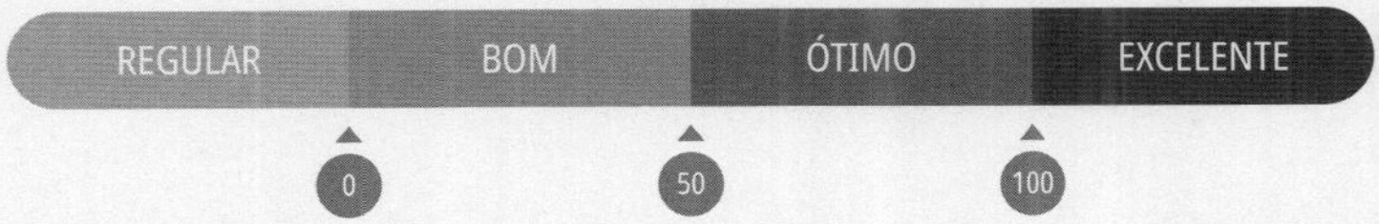

Dia 16

No dia a dia, é comum não concordarmos com alguma coisa que as pessoas fazem. Muitas vezes não gostamos da forma que alguém fala, reage a determinadas situações, gesticula, come; enfim, não aprovamos certos comportamentos, não é verdade?

Agora pense em uma coisa e reflita sobre isso: quando algum desconhecido ou até mesmo um amigo fala alto demais, faz uma brincadeira sem graça, pisa no seu pé sem querer, qual a sua reação?

Geralmente, tendemos a dar aquele sorriso tímido, não damos opinião sobre o comportamento e, antes que peçam desculpas por pisar no pé, a gente já até fala: "Não foi nada, não se preocupe". Mesmo que a pessoa tenha pisado naquela unha encravada do dedão e a dor esteja nos lembrando que foi sim alguma coisa.

Agora, vamos pensar em outro cenário. Você está em casa com seu filho e ele, bem empolgado para te contar uma novidade, começa a falar alto, gesticular sem parar na sua frente. O que você faz? Talvez, você aja como a maioria dos pais, até por ter muita intimidade, já pede para falar mais baixo, para se acalmar, ou até mesmo para falar depois pois está ocupado.

Ainda em casa, imagine que você está sentado assistindo à TV, e seu filho passa e pisa no seu pé, naquele mesmo dedo, bem em cima daquela unha encravada. Como você reage? Será que com aquele sorriso sem graça da situação anterior ou grita, briga e faz perguntas como:

- Não está vendo meu pé?
- Por que não passou pelo outro lado?

Muitas vezes, nosso filho já enche os olhos de lágrimas e pede desculpa. E como nós respondemos? “Tá bom! Está desculpado!” (gritando).

O que podemos observar em comum e diferente entre as duas cenas? O que poderia ser feito diferente?

Porque nós tratamos de forma mais grosseira as pessoas mais importantes de nossas vidas?

É realmente uma situação bem delicada e nos deixa reflexivos quanto a algumas atitudes. Para que possamos melhorar em aspectos como esse, vamos agora para a nossa tarefa do dia.

Você já parou para pensar nas coisas que você faz e seu filho não gosta?

Certamente, você conseguiria dizer facilmente as coisas que não gosta quando seu filho faz. Que tal estreitar essa comunicação e melhorar ainda mais o relacionamento de vocês?

A tabela a seguir vai ser para você e seu filho responderem e conversarem sobre os assuntos abordados:

O QUE MEU FILHO FAZ QUE EU:	
Gosto	
Não gosto	
Como eu gostaria que fizesse...	
Sugestões para fazer diferente	

O QUE MINHA MÃE/MEU PAI FAZ QUE EU:	
Gosto	
Não gosto	
Como eu gostaria que fizesse...	
Sugestões para fazer diferente	

O objetivo desta atividade é fazer com que a comunicação entre vocês seja mais transparente, vocês se sintam seguros para compartilhar coisas que podem parecer simples ou até mesmo óbvias, mas que podem estar atrapalhando o relacionamento entre pais e filhos.

Após realizarem esta atividade, deixe aqui sua reflexão sobre os aprendizados que ela trouxe.

Meus aprendizados:

Aprendizados do meu filho:

Marque aqui como foi o cumprimento das atividades de hoje.

Dia 16

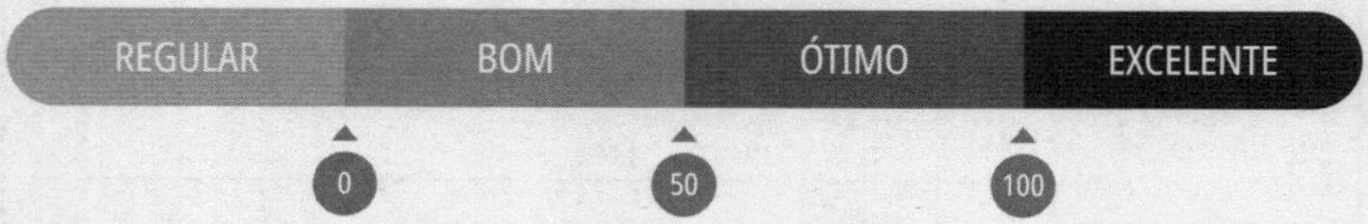

Dia 17

Eu não sei quantos filhos você tem, mas certamente já ouviu ou até mesmo falou frases como:

- A gente cria os filhos da mesma forma e são tão diferentes.
- Por que você não se comporta como seu irmão?
- Eu falei com você e seu irmão sobre isso, e ele entendeu, por que você também não fez direito?

Eu usei essas frases por anos com minhas filhas e, com o conhecimento que fui adquirindo sobre educação positiva, percebi que estava equivocada em minhas colocações. Pense comigo.

- Como nós poderíamos criar os filhos, de diferentes idades, da mesma forma se nós fazemos isso em épocas diferentes, um momento em que estamos com outras experiências, maturidade, conhecimentos?

- O que nós queremos quando esperamos que um filho se comporte como o outro? Que ele seja igual ao irmão? Por que nós iríamos querer ter filhos moldados a se comportarem de forma mecânica, robotizada, sem espontaneidade? Existe um manual para que cada um responda da mesma forma?
- Como esperar que pessoas com idades diferentes, experiências diversas e formas de ver o mundo diferente, possam entender algo da mesma maneira? Cada um de nós enxerga o mundo com uma lente única.

Agora, vamos fazer nossa atividade partindo da ideia de que, como somos seres únicos, faz-se necessário tratar cada filho de acordo com sua individualidade, porém, no dia a dia corrido, fica difícil dedicarmos atenção específica a cada um, não é verdade?

Contudo, há o que chamamos de dia ou momento do filho único, que pode contribuir para melhorar o relacionamento entre você e seus filhos, curtindo cada um e dando a atenção a eles em sua singularidade.

O tempo que vai ser dedicado a esse momento ou dia vai depender de sua disponibilidade, o objetivo é que, durante o tempo que for determinado, seja realmente de exclusividade daquele filho.

Vocês vão organizar um momento em que ambos tenham disponibilidade para fazer algo juntos. Por exemplo:

- Sábado, às 14h: cinema com Artur.
- Segunda, às 16h: comprar roupas com Eduarda.

Caso você tenha disponibilidade maior de tempo e uma rede de apoio que te dê esse suporte, pode programar um dia inteiro com cada um dos filhos. O importante não é a quantidade de tempo que você vai estar com eles, e sim a qualidade desse momento juntos. A conexão entre vocês vai melhorando a cada encontro, trazendo maior segurança para conversas, desabafos, carinhos e afeto.

Mão na massa?

Organize agora com seus filhos quando será o primeiro dia do filho único de cada um deles. Vocês podem até determinar um calendário com a data fixa para cada um em cada mês ou semana; essa parte é com você.

Marque aqui como foi o cumprimento das atividades de hoje.

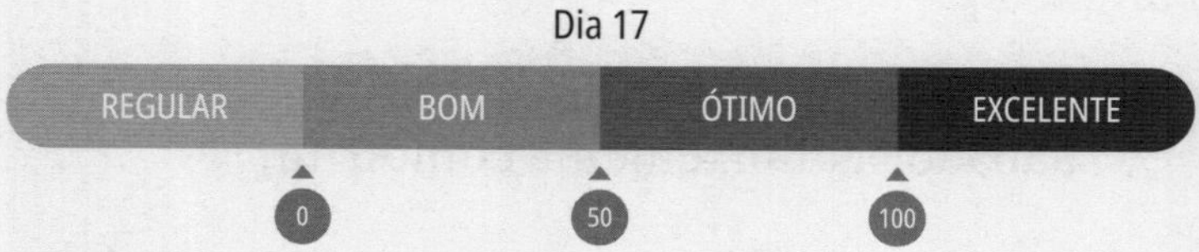

Dia 18

Acredito que você tenha percebido que um dos maiores objetivos deste livro é melhorar a conexão e comunicação entre a família. E não há melhor forma de fazer isso do que criando momentos de brincadeiras que tragam leveza e espontaneidade.

Providencie algumas folhas de papel, de preferência um que tenha uma espessura como o de linho branco, ou caso não tenha, improvisem e colem um papel sobre o outro para ficar mais grosso e evitar que consigam visualizar o outro lado ao escreverem.

Hoje a missão será com seu filho. Vocês criarão o mesmo número de perguntas e respostas (mínimo de dez para ficar mais legal), da seguinte forma:

1. Escreva uma pergunta que quer que seu filho responda sobre você (vamos ver quem conhece mais o outro) e ele escreve a pergunta sobre ele;

2. Cortem a quantidade de papéis, tipo cartões, de acordo com o número de perguntas que farão um ao outro;

3. Escrevam perguntas em um lado dos cartões e, no outro, a resposta para a pergunta (não deixe que o outro veja as respostas).

A ideia não é criar perguntas muito difíceis, e sim iniciar com um nível mais fácil; depois, vão aumentando a dificuldade.

Após cada um escrever perguntas e respostas, iniciem o jogo. Decidam quem vai iniciar perguntando (talvez queiram decidir no par ou ímpar, ou cara ou coroa). Cada um faz uma pergunta e vão anotando quem for pontuando.

Vamos ver quem acerta mais respostas.

E aí? Como foi o jogo? Quem acertou mais respostas? Quem conhece melhor o outro?

Marque aqui como foi o cumprimento das atividades de hoje.

Dia 18

Dia 19

Às vezes, nós como adultos não nos permitimos utilizar a criatividade que temos. Ficamos tão presos a coisas sérias e responsabilidades: que esquecemos que o brincar é necessário, momentos de descontração que nos permitem descansar a mente e trazem *insights* muito positivos.

Hoje vai ser um momento de brincar com seu filho ou até mesmo com toda família. Para materiais, podem separar alguns brinquedos e objetos pequenos, alguns materiais escolares etc. Juntem tudo e coloquem em um espaço no local que vocês farão a atividade.

Esse momento é chamado "Construindo uma história sem fim". Como funciona?

- Vocês escolhem quem vai iniciar e, em formato de círculo, decidem como vai ser a sequência, em sentido horário ou anti-horário. Definido? Vamos lá!

- A pessoa indicada para iniciar vai escolher um objeto e colocar no centro entre vocês e vai iniciar uma história falando uma frase. Em seguida, o próximo vai pegar outro objeto e vai dizer uma frase, continuando aquela história, acrescentando ao que já foi colocado antes. Então, vocês podem estar se perguntando:

  — Mas a história não vai ficar sem sentido?

  Talvez sim, talvez não. Mas o objetivo nessa brincadeira não é ter sentido na história, e sim gerar um momento de descontração, criatividade e conexão entre a família.

Geralmente, as pessoas costumam ser bem criativas, e as histórias vão ficando superengraçadas. Vamos lá?

Depois, escreva aqui algo que te faça lembrar de como foi para você esse momento. Por que foi importante para vocês?

Marque aqui como foi o cumprimento das atividades de hoje.

Dia 19

Dia 20

Uma das coisas que percebo que muitos pais têm dificuldade com os filhos é a questão da educação financeira. E os motivos são diversos, e vão além de fatores como os pais terem excelentes condições financeiras ou até mesmo estarem com dificuldade.

Eu não sei qual seu objetivo como pai/mãe; o meu é de fazer com que minhas filhas tenham consciência do dinheiro, qual seu valor, como deve ser utilizado, saber que é escasso e devem utilizá-lo diante de necessidades, e não por desejos.

Você costuma dar mesada ao seu filho ou vai dando dinheiro à medida que ele pede ou precisa? Estabelecer o valor que ele receberá, bem como ensinar como ele deve utilizar, ajuda a criar responsabilidade financeira, como desenvolver outras habilidades sociais, como: lidar com ansiedade quando quiser comprar algo, mas precisa esperar para economizar mais dinheiro, saber negociar quando precisar pedir um desconto em algo que vai comprar; respeito com o próximo quando estiver adquirindo um serviço e precisar reconhecer o valor da pessoa que está ofertando o serviço; entre outras habilidades.

Trago uma sugestão para você colocar em prática na sua casa, caso ainda não o faça, sobre a implantação da mesada. Vou explicar como eu aplico com minhas filhas e você pode adaptar à sua realidade, seja para mais ou para menos.

O primeiro passo é definir o que vai ser responsabilidade dos pais e o que será de responsabilidade dos filhos. Por exemplo, os pais custeiam: escola, roupas, comida, calçados, passeios com a família, despesas com o cachorro. Os filhos utilizam suas mesadas para: ir ao cinema com amigos, comprar lanche na escola (quando não querem levar o que tem em casa), maquiagens, bonés, itens que não são considerados essenciais.

Definido o que compete a pais e filhos, vamos para a matemática. Imaginando que o filho mais velho possui mais maturidade e, talvez, mais necessidades, inclusive, de socialização que o mais novo, aqui determinamos um valor por idade:

Filha 1: 14 anos

R$28,00 por semana (14x2) = R$112,00 (quatro semanas).

*Faço pagamento a cada quatro semanas.

Distribuição da mesada:

- R$ 11,20 (doação -> 10%) -> Ela mesma organiza esse valor e guarda ou coloca em uma caixinha específica no aplicativo do banco, para fazer doação de forma individual ou com a família.
- R$ 22,40 (poupança -> 20%) -> Eu deposito na poupança dela esse valor, já entrego o saldo com abatimento.
- R$ 78,40 (saldo para utilizar como quiser).

Filha 2: 11 anos

R$22,00 por semana (11x2) = R$88,00 (quatro semanas).

Distribuição da mesada:

- R$8,80 (doação -> 10%) -> Ela mesma organiza esse valor e guarda para fazer doação de forma individual ou com a família, da mesma forma que a irmã.

- R$17,60 (poupança -> 20%) -> Eu deposito na poupança dela esse valor, já entrego o saldo com abatimento, da mesma forma.
- R$61,60 (saldo para utilizar como quiser)

Por meio dessa divisão, o que eu consigo levar para minhas filhas? A importância de ter uma reserva de emergência, um valor para investimentos, ajudar outras pessoas, sabendo que o dinheiro é algo limitado, porém, quando controlado, pode ser utilizado de tal forma a realizar nossos sonhos.

Este exemplo é para mostrar como resolvi remunerar as meninas. Você adapta os valores de acordo com suas possibilidades e vontade.

E aí? Como ficou a divisão na sua casa?

Anote aqui para lembrar.

NOME DO FILHO(A):			
VALOR TOTAL	DOAÇÃO	POUPANÇA	SALDO PARA USO

NOME DO FILHO(A):			
VALOR TOTAL	DOAÇÃO	POUPANÇA	SALDO PARA USO

NOME DO FILHO(A):			
VALOR TOTAL	DOAÇÃO	POUPANÇA	SALDO PARA USO

NOME DO FILHO(A):			
VALOR TOTAL	DOAÇÃO	POUPANÇA	SALDO PARA USO

Marque aqui como foi o cumprimento das atividades de hoje.

Dia 20

Dia 21

Eita! Não é que chegamos ao último dia de atividades? Espero que esteja sendo prazeroso para você e sua família viver esses dias de aprendizados, conexão, descobertas, novos hábitos e rotinas.

Hoje trago uma tarefa para toda família, construir uma árvore genealógica com fotos de seus familiares. Vocês vão escolher quantos níveis da árvore colocarão. Eu sugiro que coloquem ao menos três: filhos, pais, avós, como no exemplo a seguir.

Imagino que já deve ter visto em tarefas da escola de seu filho algo assim, mas gostaria que desenhassem juntos a árvore e colassem fotos das pessoas, criando um quadro que pode ser exposto em sua casa. Separe uma cartolina para esta atividade.

Escolham um local juntos para que possam sempre passar por ele e admirar a linda família que construíram.

Durante a construção, de repente, podem se lembrar de alguém que você ou outra pessoa da família não gosta muito ou que não se dá tão bem, é importante entender que a família só existe dessa forma, com seus filhos, porque essa pessoa fez e/ou faz parte, então ela merece um espaço de reconhecimento. Isso não significa concordar, somente respeitar.

Para levarmos nossa história adiante, é importante honrar e respeitar a história daqueles que passaram por nossas vidas e nos fizeram ser quem somos hoje. Espero que faça sentido para você.

Marque aqui como foi o cumprimento das atividades de hoje.

Dia 21

Chegamos ao final dos 21 dias propostos por este livro e, mais uma vez, quero agradecer a jornada que percorremos juntos e a confiança em cada atividade proposta que foi realizada. Espero que tenha feito diferença na sua vida e na vida de sua família.

Vamos dar uma conferida nas metas iniciais e o que foi alcançado nesse período? Dê uma olhada no quadro de "Resultados esperados/evidências", na página 10, os objetivos que foram colocados e o percentual de alcance de cada um deles.

Espero que você tenha chegado onde gostaria. Caso ainda não tenha conseguido atingir sua meta completamente, é sempre possível revisar o item que ainda merece atenção e realizar algumas das atividades propostas neste livro para aumentar a conexão com seu filho ou desenvolver e aprimorar habilidades.

Eu considero a educação dos filhos o maior desafio que temos em nossa vida. É uma tarefa árdua, que exige muita dedicação, muitas vezes abrimos mão de algo para nós e priorizamos nossos filhos. Ser pai/mãe tem se tornado um desafio cada vez maior nessa época tão corrida em que vivemos. E como tudo, é possível tornar essa grande e linda missão mais leve, mais prazerosa.

Espero que este livro seja um instrumento de conquistas e maior conexão com sua família. Talvez não se lembre de muitas tarefas que foram propostas aqui para você fazer, mas seu filho se lembrará, e sentirá essa conexão e carinho por toda vida. Afinal, o tempo que você dedicou para estar com ele mostrou a importância que ele tem em sua vida. Muitas vezes, as crianças e os adolescentes não demonstram naquele momento o que sentiram, mas você vai percebendo pelos comportamentos.

Gratidão por fazer parte da comunidade de pais que buscam transformação em suas famílias.

Vai ficar com saudade? Que tal uma última missão?

Concluiu todas as tarefas? Então, me deixe saber disso. Faça uma postagem na rede social e me marque lá. Terei o enorme prazer em comemorar com você essa vitória.

Deixo aqui meus contatos. Será um prazer ter você, leitor, pai, mãe, educador, fazendo parte da minha rede.

CONTATOS

patriciacarvalhooficial

patriciacarvalhooficial1

patrícia-carvalho-silva

patriciacarvalho.al@gmail.com